まちごとインド

コルカタ
East India 002 Kolkata
イギリス植民と「過密都市」

Asia City Guide Production

【白地図】東インド

INDIA
東インド

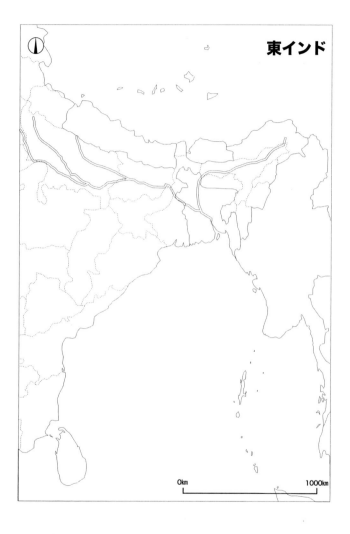

【白地図】コルカタ

INDIA
東インド

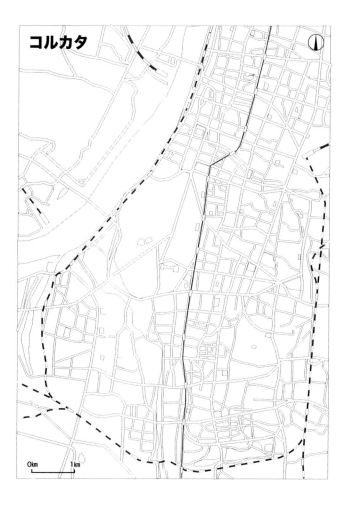

【白地図】マイダン公園

INDIA
東インド

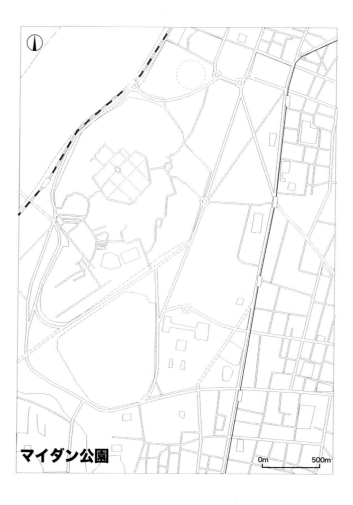

【白地図】チョウロンギ通り

INDIA
東インド

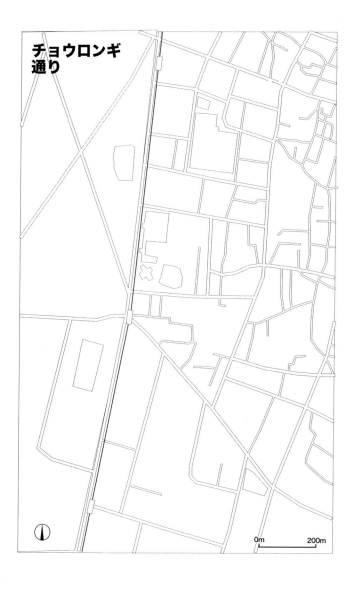

【白地図】サダルストリート

INDIA
東インド

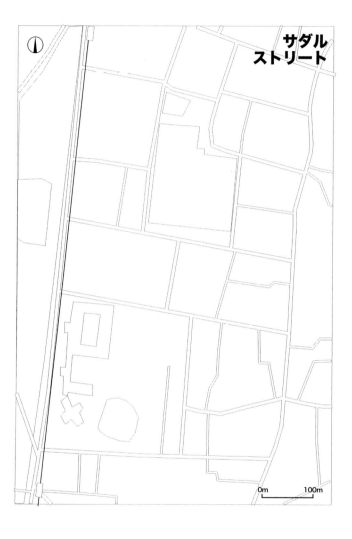

【白地図】パークサーカス

INDIA
東インド

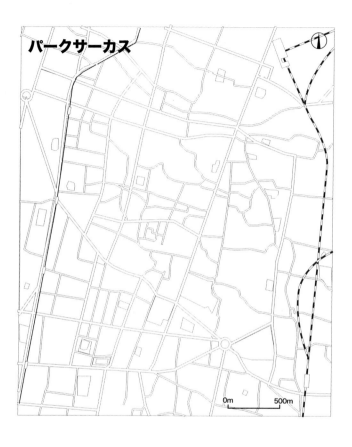

【白地図】カーリーガート

INDIA
東インド

カーリーガート

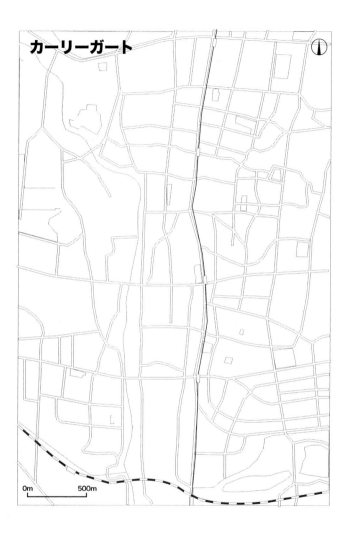

Kolkata 白地図

【白地図】カーリー女神寺院

INDIA
東インド

【白地図】バリーガンジ

INDIA
東インド

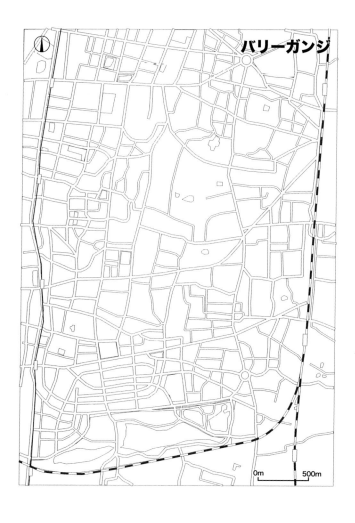

【白地図】南コルカタ

【白地図】コルカタ市街北部

INDIA
東インド

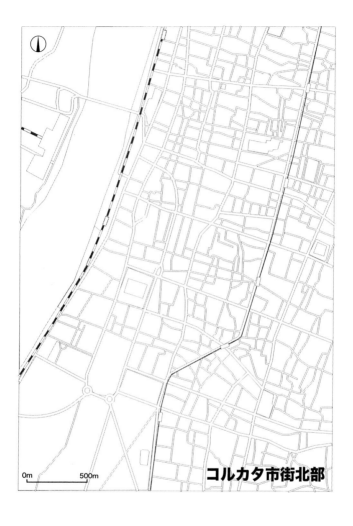

【白地図】ダルハウジー（BBD）広場

INDIA
東インド

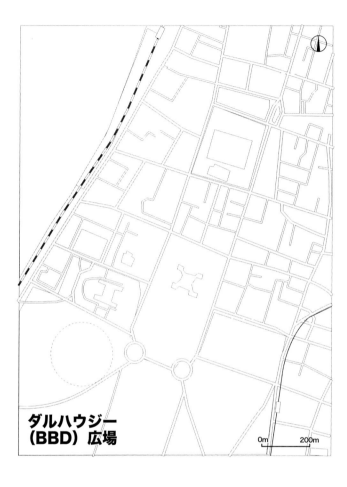

【白地図】マハトマガンジーロード

INDIA
東インド

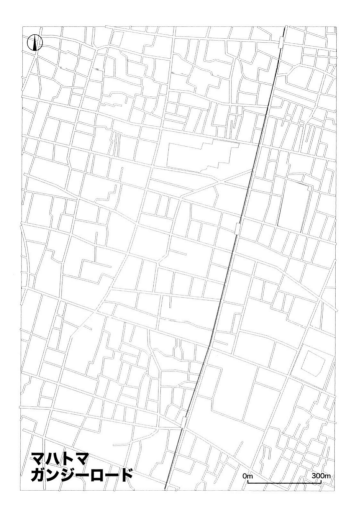

【白地図】ハウラー

INDIA
東インド

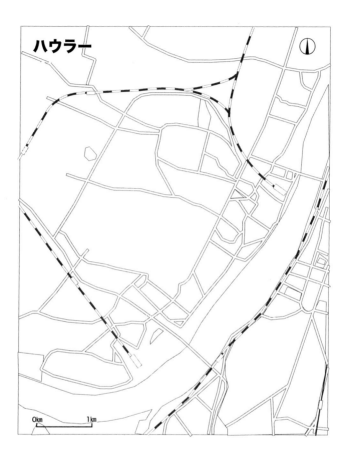

【白地図】大コルカタ

INDIA
東インド

Kolkata 白地図

大コルカタ

【白地図】ソルトレイクシティ

INDIA
東インド

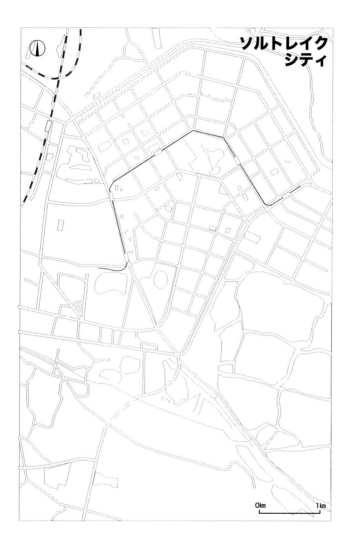

【白地図】コルカタ郊外

INDIA
東インド

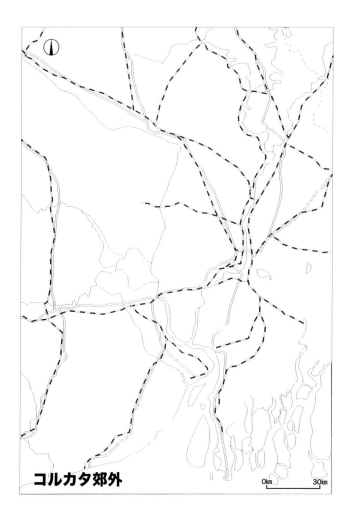

【まちごとインド】
東インド002 コルカタ
東インド012 ブッダガヤ

INDIA
東インド

イ ンド東部、ベンガル湾に流れるフーグリ河が運んだ土砂のうえに開けた西ベンガル州の州都コルカタ。デリー、ムンバイ、チェンナイとならぶインド四大都市のひとつで、世界屈指の人口密集地帯を形成している。

コルカタは17世紀まで半農半漁を営む寒村がたたずむに過ぎなかったが、綿やジュートが豊富にとれる豊かなベンガル地方の拠点としてイギリスの商館がおかれたことで街の発展がはじまった。イギリスがインドを植民地化していくなかで、1772年から1912年までコルカタに首都がおかれ、ロンドン

Kolkata কলকাতা
コルカタ

に準じる大英帝国の都市となっていた。

　このような歴史から、コルカタはいち早く西欧文明の影響を受け、タゴールやサタジット・レイなど20世紀のインドを代表する政治家、芸術家、映画監督などを排出している。この街は政治、文化、芸術の先進地として、インドの近代とともに歩んできたと言える。

【まちごとインド】

東インド 002 コルカタ

目次

コルカタ	xxxvi
美しき水郷と密集地帯	xlii
フーグリ河畔の混沌歓喜	xlvi
マイダン城市案内	lv
チョウロンギ城市案内	lxx
カーリーガート城市案内	lxxxiv
BBD広場城市案内	ciii
市街北部城市案内	cxvi
郊外城市案内	cxxix
城市のうつりかわり	clii

【MEMO】

【地図】東インド

INDIA
東インド

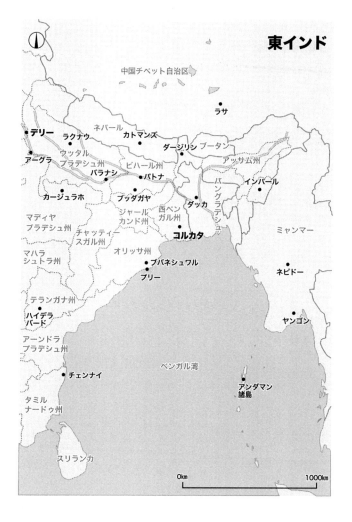

美しき水郷と密集地帯

INDIA 東インド

インドとバングラデシュに
またがるベンガル地方
水と緑が織りなす美しき風土

ベンガルとは

ベンガル地方はコルカタを州都とする西ベンガル州とバングラデシュをあわせた地域をさす。ガンジス河とブラマプトラ河の下流域の堆積地帯にあたり、ベンガル湾からのモンスーンの影響を強く受ける。ヒンドゥー文化の中心からは東にはずれていて、インドと東南アジア、ドラヴィダなど諸文化が交わる接点でもあった。そのためベンガル人は言語や宗教などで、先インド人のもつ要素の多くを受け継いでいるという（ナンではなく米と魚を食する食文化、デリーやバラナシとは異なるベンガル人の風貌などでその特徴が見られる）。ま

▲左　コルカタを流れるフーグリ河、河川が網のようにめぐるのがベンガル地方。　▲右　コルカタ市内を走る黄色のタクシー

た西ベンガル州とバングラデシュで話されているベンガル語は、中国語、英語、スペイン語などに次ぐ世界有数の話者人口の規模をほこる。

ベンガルの宗教

西ベンガルで信仰されているヒンドゥー教と東ベンガル（バングラデシュ）で信仰されているイスラム教。異なる宗教が要因となって、1947年に東ベンガルは東パキスタンとして英領インドから分離独立し、その後、1971年に「ベンガル人の国」バングラデシュとして再独立を果たした。一方、西

INDIA
東インド

ベンガル州ではこの地方の大地母神であったカーリー女神が信仰されるなど、ヒンドゥー教が形成される以前からの民間信仰の姿が見られる。市街南部に位置するカーリー女神は土着の信仰からシヴァ神の妻としてヒンドゥー教にとりこまれ、コルカタという地名の由来にもなった。

代表的なベンガル人

ラビンドラナート・タゴール（ノーベル賞作家、芸術家）
ラームモハン・ラエ（インドの近代化に尽力した思想家）
ラーマクリシュナ（宗教者）

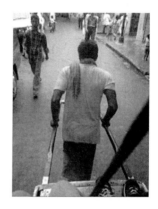

Kolkata 美しき水郷と密集地帯

▲左　ベンガル語が記された看板が見える、東インド独特の風景。　▲右　コルカタだけに残る人力のリキシャ

チャンドラ・ボース（インド独立運動に身を投じた革命家）

ラース・ビハリー・ボース（「中村屋のボーズ」こと活動家）

パール判事（東京裁判のインド代表判事）

サタジット・レイ（映画監督）

ラビシャンカール（シタール奏者）

アマルティヤ・セン（ノーベル賞を受賞した経済学者）

マザー・テレサ（アルバニア人シスター、のちに帰化）

フーグリ河畔の混沌歓喜

INDIA 東インド

フーグリ河畔の湿地帯に開けたコルカタ
17世紀までこのあたりはわずかに漁村がたたずむばかりだったが
英領インドの首都として急速に発展した

イギリスの植民都市

インドのなかでもコルカタの歴史は比較的浅く、17世紀にイギリス東インド会社がこの地に商館を構えるまで、さびれた3つの漁村があるばかりだった。18世紀初頭からのムガル帝国の弱体化とともに、イギリスの勢力は拡大し、インドの植民地化が進められた。そのとき、1772年から1912年まで首都がおかれたのがコルカタで、この街にはウィリアム要塞、ヴィクトリア記念堂などイギリス統治時代の建物が数多く残っている（300年程度の歴史のなかでコルカタの人口は、ムンバイとならんでインド最大規模になった）。

Kolkata｜フーグリ河畔の混沌歓喜

街の構成

フーグリ河はガンジス河の支流のうち、もっとも西側を流れ、インド洋（ベンガル湾）からガンジス河中流域への利便性に優れていたことから、イギリスやフランスなどの西欧諸国がこの河の岸辺に商館を構え、ベンガル地方の交易拠点としてきた歴史をもつ。ベンガル湾から110kmのコルカタは、17世紀、当時のイギリス商船がベンガル湾から遡行可能な限界地点で、フーグリ河に運ばれた土砂のうえに発展した。街はインド東部に位置することから、デリーやバラナシ方面からの列車はフーグリ河をはさんで対岸のハウラー駅に着き、また

INDIA
東インド

一方、バングラデシュ方面へ通じるのがシアルダー駅で、市街北西部から国境に向かう列車が出ている。フーグリ河をはさんで東にコルカタ、西にハウラーという双子都市がならび、ハウラー橋とヴィディヤーサーガル橋が両市街を結んでいる。

コルカタとカルカッタ

カルカッタとして親しまれてきたこの街の名前は、ベンガル語のコルカタがイギリス人の英語でなまって呼ばれたことに由来する（バラナシ、バナーラスがベナレスと呼ばれたよう

【MEMO】

【地図】コルカタ

【地図】コルカタの [★★★]
- [ ] カーリー女神寺院 Kali Mandir

【地図】コルカタの [★★☆]
- [ ] ウィリアム要塞 Fort William
- [ ] マイダン公園 Maidan
- [ ] チョウロンギ通り Chowronghee
- [ ] サダル・ストリート Sudder Street
- [ ] カーリーガート Kali Ghat
- [ ] マザー・ハウス Mother House
- [ ] ダルハウジー（BBD）広場 Dalhouseie Square
- [ ] マーブル・パレス Marble Palace
- [ ] ハウラー橋 Howrah Bridge

【地図】コルカタの [★☆☆]
- [ ] フーグリ河 Hooghly River
- [ ] ビルラー寺院 Birla Mandir
- [ ] コルカタ動物園 Zoological

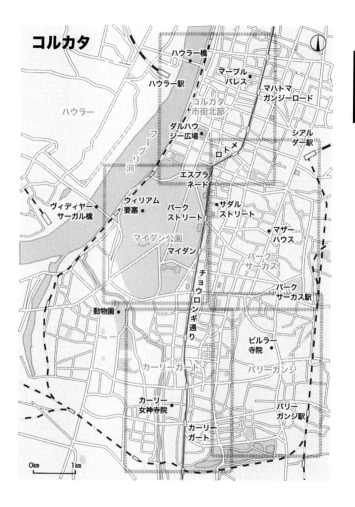

Kolkata　フーグリ河畔の混沌歓喜

INDIA
東インド

に)。このコルカタの語源は、「カーリー女神の野」を意味するカーリークシェントラから、カーリーケタ、カーリーカタと変化して、コルカタへと定着したと言われる。イギリス植民に街の歴史がはじまり、それが長かったことから、現在でもカルカッタという呼び方もよく通じる。

負の克服に向けて

いくつもの川の道、湿地帯のなかにあるため、17世紀以来、コルカタではコレラやマラリアといった熱帯性の疫病がいくども発生してきた。また20世紀に入ってからは過度の人口

Kolkata｜フーグリ河畔の混沌歓喜

▲左　街の中心にはイギリス統治時代の遺構が残る。　▲右　列車に乗り込む人たち

過密地帯となり、毎日、膨大な量のゴミが出て、ハエやネズミ、その他の害虫が繁殖するという状況だった。サイクロン、飢饉、伝染病の被害を受けるコルカタは20世紀のある時期、インドの貧困の象徴のように見られることがあった。

Guide, Maidan
マイダン城市案内

かつて英領インドの首都がおかれたコルカタ
その中枢がマイダン公園にあった
インドの植民地化は東インド会社によって進められた

マイダン公園 Maidan［★★☆］

フーグリ河の東岸に南北 3kmにわたって広がるマイダン公園（アラビア語で「広い場所」を意味する）。その中央にイギリス東インド会社の商館がおかれたウィリアム要塞はじめ、近くにはインド帝国の成立を機に建てられたヴィクトリア記念堂、キリスト教会セント・ポール寺院など、イギリスのインド支配を今に伝える建築が残っている。17世紀、イギリスがコルカタに拠点を構えたとき、マイダン公園あたりは猛獣が跋扈するような湿地帯だったため、安全上の理由から森が切り開かれ、ここで閲兵式が行なわれるなど植民地支配の象

INDIA
東インド

徴的な場所となっていた。現在は、コルカタ市民の憩いの場所となっているほか、イギリス植民地時代からの歴史をもつクリケットなども行なわれる。

イギリス東インド会社の拠点

17世紀のムガル帝国が支配する時代、コロマンデル海岸から北上した西欧諸国は、ガンジス河中流域への足がかりとしてフーグリ河畔に商館を構えるようになった。イギリス東インド会社の商館はフランスやデンマークとともにコルカタ上流のフーグリにあったが、ムガル太守と対立し、追い出され

【MEMO】

【地図】マイダン公園

【地図】マイダン公園の [★★☆]

- [ ] マイダン公園 Maidan
- [ ] ウィリアム要塞 Fort William
- [ ] ヴィクトリア記念堂 Victoria Memorial Hall
- [ ] チョウロンギ通り Chowronghee
- [ ] インド（コルカタ）博物館 Indian Museum Kolkata
- [ ] サダル・ストリート Sudder Street
- [ ] ダルハウジー（BBD）広場 Dalhouseie Square

【地図】マイダン公園の [★☆☆]

- [ ] フーグリ河 Hooghly River
- [ ] ガート Ghat
- [ ] セント・ポール寺院 St. Paul's Cathedral
- [ ] MPビルラー・プラネタリウム MP Birla Planetarium
- [ ] イーデン公園 Eden Garden
- [ ] シャヒード・ミナール Shahid Minar
- [ ] コルカタ動物園 Zoological

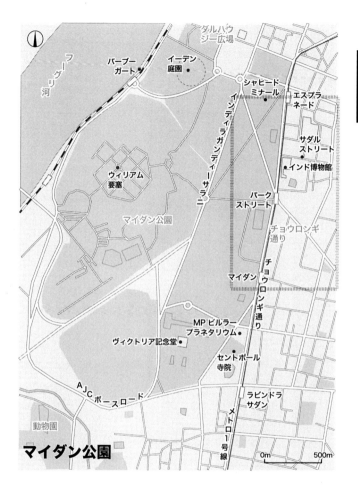

マイダン公園

INDIA
東インド

るかたちでコルカタに拠点が遷された。こうしてコルカタにイギリスの交易拠点がつくられ、やがて商館は要塞化され、東インド会社の職員は軍事行動の指揮をとるようになった。1877年にインド帝国が成立するとインドはイギリスの完全な植民地となり、1911年にデリーへの遷都が宣言されるまで、コルカタにインド帝国(大英帝国を構成する)の首都がおかれていた。

ウィリアム要塞 Fort William [★★☆]
イギリス東インド会社が商館を構え、政府機能が備えられた

▲左　人も、犬も一緒になって寝る、マイダン公園にて。　▲右　小柄、色黒など特徴あるたたずまいのベンガル人

場所だったウィリアム要塞。イギリスがベンガルに進出してしばらくのあいだ、ムガル太守は要塞の建設を認めなかったが、反乱の鎮圧に協力したことから、イギリスは1696年に要塞を建設する許可を得た（その翌年にコルカタ一帯の村の購入が許された）。当初、要塞はBBD広場の位置にあったが、対立したベンガル太守シラージュッ・ダウラに破壊されたため、1773年にその南側に星型の新ウィリアム要塞が建てられた。内部に兵士1万人を収容でき、周囲の塀は水を引き込めるように設計されていた。

INDIA
東インド

ヴィクトリア記念堂 Victoria Memorial Hall ［★★☆］

マイダン公園に立つ白亜のヴィクトリア記念堂。インド帝国の成立（イギリスによるインドの完全な植民地化）にあたり、その君主ヴィクトリア女王を記念して1905年に建設がはじまり、1921年に完成した。タージ・マハルを意識して設計されたと言われ、ジョードプル（ラジャスタン州）から白大理石が運ばれてきた。なかは博物館になっていて、インド総督の写真、ヴィクトリア女王が子どものころに使っていたピアノなど、大英帝国の栄光を伝える展示が見られる。

▲左 イギリス人は自国の文化をインドにもちこんだ。 ▲右 美しい姿を見せるヴィクトリア記念堂

大英帝国の大権力者、インド総督

プラッシーの戦いに勝利したイギリス東インド会社書記クライブは、インド帝国の建設者とたたえられている。またマラータやニザームなど各地の地方勢力をたくみに利用して勢力を伸ばしたヘイスティングズが1773年、初代インド総督に任命されることになった。その後、パンジャーブやラジャスタン、アワド、ビルマなどを植民地化したダルフージ、インド帝国の絶頂時代に総督となったカーゾン、デリーに都を遷したハーディングなど個性ある総督がインドに君臨した。最後の総督マウントバッテンのときにインドは分離独立すること

INDIA
東インド

になり、各藩王国はインドか、パキスタンのどちらかを選ぶことになった。インド総督はインド帝国の実質的な支配者で強大な権力をにぎっていた。

フーグリ河 Hooghly River

ベンガル湾に注ぐガンジス河の支流のうち、コルカタを流れるフーグリ河はもっとも西側を流れ、16世紀以前はこの河がガンジス河の本流だった。そのためフーグリ河の河畔には、コルカタ南部のカーリーガートやガンジス河が天界へ還ると考えられているガンガーサーガルなどのヒンドゥー教の聖地が点在す

▲左 フーグリ河を使って物資が輸送される。　▲右　かつてはこちらがガンジス河の本流だった

る。フーグリ河はコルカタの街を過ぎると大きく西に折れ、この地点が外港船の遡行限界（この河の潮差は 3 〜 6m あるため）にあたったことから、街は大きく発展することになった。

ガート Ghat

フーグリ河をはさんでコルカタ側とハウラー側にはいくつものガートがならんでいて、沐浴する人々の姿が見られる（ヒンドゥー教では、沐浴することであらゆる罪が浄化されると信じられている）。ハウラー橋北のニムタラガート、チャンドパルガート、バーブーガートなどが代表的なガートとなっている。

東インド

セント・ポール寺院 St. Paul's Cathedral

チョウロンギ通りに面して立つキリスト教会セント・ポール寺院。キリスト教徒であるイギリス東インド会社の職員が礼拝できるように、1839〜47年に建設された。中央部の高さは60mにもなり、なかではステンド・グラスやモザイクの美しい装飾が見られる。

MP ビルラー・プラネタリウム MP Birla Planetarium

ヴィクトリア記念堂の東側、コルカタ中心部に位置するMPビルラー・プラネタリウム。ビルラー財閥によって建てられ

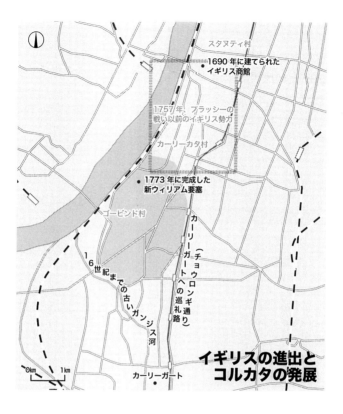

INDIA
東インド

たもので、インドでは古くから星座や天体への関心が高く、天文学が発達してきた。コルカタには同じくビルラー財閥の寄進によるヒンドゥー寺院も見られる。

イギリスの進出とコルカタの発展

1690年、スタヌティで商館設立

1696年、ウィリアム要塞の建設許可を得る

1698年、近くの3つの村の購入許可を受ける

1757年、プラッシーの戦い以後、ベンガル地方の領主へ

1912年、コルカタからデリーへ遷都

Guide, Chowronghee
チョウロンギ
城市案内

INDIA 東インド

コルカタ市街を南北につらぬくチョウロンギ通り
この道はコルカタという地名の由来となった
カーリー寺院へと続いている

チョウロンギ通り Chowronghee ［★★☆］

コルカタ市街の中心部を南北に走るチョウロンギ通り。ここはホテルやショップなどがならぶコルカタの目抜き通りにあたる。この通りは聖地カーリーガートへ伸びる巡礼路から発展したという歴史をもち、チョウロンギという名前も、ベンガル語ではなく、この地に古くからオーストロ・アジア語族の言葉なのだという（コルカタの街が形成される以前からあった）。正式名称はジャワハルラール・ネルー通りとなっており、この通りに沿って地下鉄が走っている。

【MEMO】

【地図】チョウロンギ通り

【地図】チョウロンギ通りの [★★☆]
- [ ] チョウロンギ通り Chowronghee
- [ ] インド（コルカタ）博物館 Indian Museum Kolkata
- [ ] サダル・ストリート Sudder Street
- [ ] マイダン公園 Maidan

【地図】チョウロンギ通りの [★☆☆]
- [ ] シャヒード・ミナール Shahid Minar

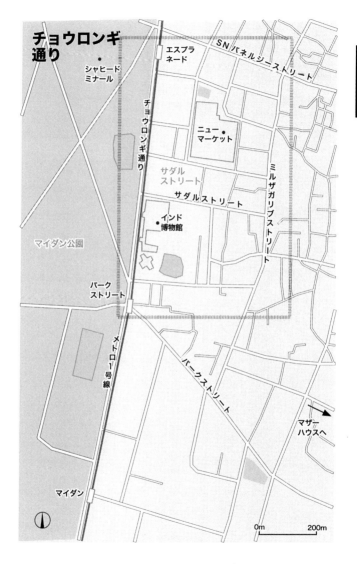

インド（コルカタ）博物館 Indian Museum Kolkata［★★☆］

博物館の歴史は大英博物館からはじまり、そのイギリス統治時代からの伝統をもつインド博物館。1814年にアジアではじめて開館し（世界で9番目）、博物館の入口にはアショカ王のライオン柱頭が立つ。インド、そして東洋の美術や自然、文化の保存、収集が目的とされ、『印章』や『大地母神』『コブ牛』などのテラコッタ像からなるインダス文明の美術、ブッダのものと目される『舎利容器』（カピラヴァストゥ王城跡ピプラワから出土）、仏像以前に彫られた『ヤクシャ立像』（インド土着の神）、インド古代美術の最高傑作と言われる『バー

ルフットの欄楯』(ストゥーパの周囲の壁にほどこされた装飾芸術) はじめクシャン朝、グプタ朝、南インドの美術などインド美術史を代表する逸品がならぶ。ベンガルを拠点としたパーラ朝やセーナ朝の美術も見られるほか、ネパールや東南アジアといったインド周辺国のコレクションも充実している。

サダル・ストリート Sudder Street [★★☆]

チョウロンギ通りから東に走るサダル・ストリート。この通り一帯は安宿街となっていて、世界中から旅人が集まる。

INDIA
東インド

▲左　街角のフルーツ売り、水分補給はかかせない。　▲右　人、リキシャ、車が行き交うチョウロンギ通り

旅行会社やレストランなどがならび、近くのニューマーケットでは食料品から雑貨までが手に入る。

マザー・ハウス Mother House ［★★☆］

飢饉、伝染病、自然災害、あふれる難民、貧困のただなかにあった20世紀なかごろのコルカタ。3階建てのマザー・ハウスはそのようなコルカタで、女性修道者マザー・テレサが活動拠点としたところで、門柱には「Mother Teresa」と刻まれている。現在、ここにはミッショナリイズ・オブ・チャリティがおかれ、ボランティアの受付もしている。

【MEMO】

【地図】サダルストリート

【地図】サダルストリートの [★★☆]

- [ ] チョウロンギ通り Chowronghee
- [ ] インド（コルカタ）博物館 Indian Museum Kolkata
- [ ] サダル・ストリート Sudder Street
- [ ] マイダン公園 Maidan

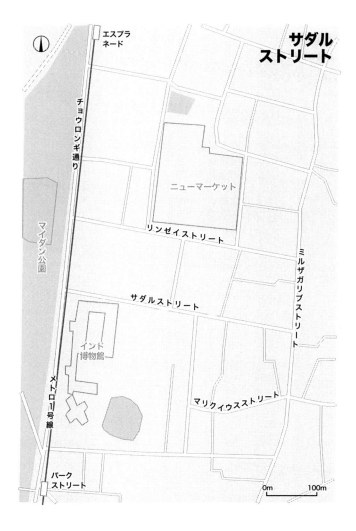

INDIA
東インド

▲左　安宿がならぶサダル・ストリート。　▲右　素足の子どもモンスーンと強い日差しを受ける

マザー・テレサとその活動

1910年、マケドニアで生まれたマザー・テレサは、1928年にロレット修道会に入会し、翌年インドへ到着した。修練ののち、コルカタ郊外のセントメリー校で20年のあいだ教師をしていたが、1946年、「すべてを捧げて、スラム街で、貧しい人に仕える」ことを決意して、1948年、インドに帰化し、たったひとりで貧しい人々のための活動をはじめた。その活動は、地元ベンガル人の抵抗を受けることもあったが、1979年にノーベル賞を受賞することになった。

【MEMO】

【地図】パークサーカス

【地図】パークサーカスの [★★☆]
- [ ] マザー・ハウス Mother House
- [ ] チョウロンギ通り Chowronghee
- [ ] インド（コルカタ）博物館 Indian Museum Kolkata
- [ ] サダル・ストリート Sudder Street

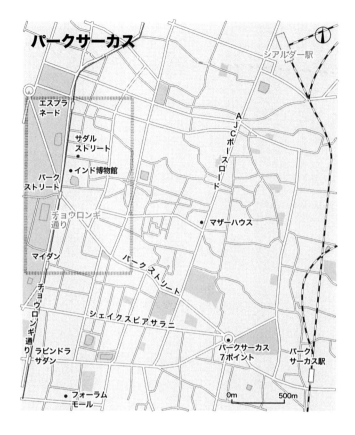

**Guide,
Kali Ghat**
カーリーガート
城市案内

INDIA
東インド

カーリーガートはコルカタ最高の聖地
毎朝、カーリー女神には犠牲が捧げられるなど
ベンガル地方の民間信仰の姿が今なお残る

カーリーガート Kali Ghat ［★★☆］

フーグリ河は16世紀までガンジス河の本流にあたり、その河畔にはいくつもの巡礼地があった。カーリーガートは小さな漁村がたたずむ原コルカタ時代からの歴史をもつ聖地のひとつで、地名のカーリーガートがコルカタの街の名前になったと言われる。ブリゴンガ（老婆のガンジス）が流れるこの地には、コルカタ最大の火葬場があるほか、カーリー寺院へ続く門前町は細い路地となっていて、そこにはシヴァ神を踏みつけたり、踊り狂うカーリー女神の画などが売られている。

カーリー女神寺院 Kali Mandir［★★★］

コルカタ市街南部に位置するカーリー女神寺院には、血を好む恐ろしい姿をした女神がまつられている。西ベンガル最高の聖地の地位にあり、この寺院へ続く巡礼路がチョウロンギ通りだった（イギリス到来より前からスタヌティ村、カーリーカタ村、ゴービンド村の人々が巡礼していた）。カーリー女神への信仰は、ヒンドゥー教が成立する以前のベンガル地方の大地母神に由来すると言われ、シヴァ信仰の広まりとともにシヴァ神の配偶神と見られるようになった。毎朝、カーリー女神への犠牲が捧げられるなど、ここでは、生命を育む女性

【地図】カーリーガート

【地図】カーリーガートの [★★★]
- [ ] カーリー女神寺院 Kali Mandir

【地図】カーリーガートの [★★☆]
- [ ] カーリーガート Kali Ghat
- [ ] チョウロンギ通り Chowronghee

【地図】カーリーガートの [★☆☆]
- [ ] コルカタ動物園 Zoological

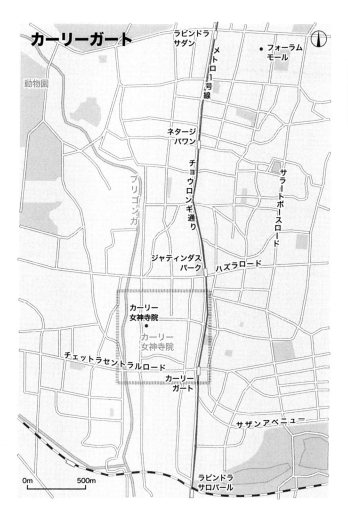

【地図】カーリー女神寺院

【地図】カーリー女神寺院の [★★★]
- [ ] カーリー女神寺院 Kali Mandir

【地図】カーリー女神寺院の [★★☆]
- [ ] カーリーガート Kali Ghat
- [ ] チョウロンギ通り Chowronghee

【地図】カーリー女神寺院の [★☆☆]
- [ ] 死を待つ人の家 Nirmal Hriday

INDIA
東インド

の力シャクティ、血の犠牲を伴う祭祀などベンガル地方に伝わる信仰が今なお息づいている(足をしばられた小山羊は首を固定され、斧のような剣が振りおろされる。古くは処女の人身供犠も行なわれていたという)。

ベンガルと女神信仰

ベンガル地方やネパールでは女神信仰が盛んに行なわれていて、農業が盛んなことと、ガンジス河上流域のバラモン文化の中心地から離れていることなどに共通点がある。黒色の肌、ろくろの蛇の首飾りをさげ、10の手に10の武器をもつカー

▲左 女性の生命を生む力が信仰の対象になった。 ▲右 カーリー女神寺院、四隅の垂れさがった屋根をもつ

リー女神は、ベンガル地方の大地母神（女性と大地は生命を育む）に由来し、生殖と生産、生命力の象徴と見られている。ヒンドゥー教では、パールヴァティー女神、ドゥルガー女神、カーリー女神は同一視されていて、ともにシヴァ神の配偶神と位置づけられている。

カーリー女神の誕生

ドゥルガー女神が魔神ラクタビージャと戦い、攻撃を受けた魔神が血を流しはじめると、その血から新たな魔神が次々に生まれてきた。この危機にドゥルガー女神の顔面から生まれ

INDIA
東インド

たカーリー女神は、巨大な口で魔神たちを飲み込み、最後に魔神の血も飲み干してしまったという。

死を待つ人の家 Nirmal Hriday [★☆☆]

カーリーガートにある死を待つ人の家。マザー・テレサはこの場所で、路上で倒れたまま息絶えた男を目のあたりにし、「人間が尊厳をもって死に向かえるように」とこの施設を開くことを決めた。1952年、ここで瀕死の人々を運んで、身体を洗って看護をするといった活動をはじめた。聖地にあることから、ヒンドゥー教徒からの圧力も多く、警察に訴えら

▲左 コルカタの子ども、コルカタはマザー・テレサゆかりの街。 ▲右 カーリー女神寺院の境内、朝、仔山羊の生贄が捧げられる

れることもあった(聖地で死ねることはヒンドゥー教徒にとってのしあわせだった)。

コルカタ動物園 Zoological [★☆☆]

マイダン公園南部に位置するコルカタ動物園。インド象や世界的にもめずらしいホワイトタイガーの飼育などで知られる。休日には家族連れで訪れる人々が見られるほか、近くには国立図書館がある。

INDIA
東インド

▲左 高層ビルも目立つようになっている。　▲右 ホワイトタイガー、動物園にて

ビルラー寺院 Birla Mandir [★☆☆]

コルカタ市街南西部に位置するビルラー寺院。ビルラー財閥の寄進で、1996年に完成した比較的新しいヒンドゥー寺院で巨大なシカラをもつ。シヴァ神、クリシュナ神がまつられていて、夜にはライトアップされた美しい姿を見せる。

孤児の家 Shishu Bhavan [★☆☆]

コルカタ市街南東部に位置する孤児の家。親をなくして孤児となった子ども、病院におきざりにされた新生児、スラムに捨てられた子どもなどを育てる施設となっている（マザー・

【MEMO】

【地図】バリーガンジ

【地図】バリーガンジの [★★☆]
- [ ] カーリーガート Kali Ghat
- [ ] チョウロンギ通り Chowronghee

【地図】バリーガンジの [★☆☆]
- [ ] ビルラー寺院 Birla Mandir
- [ ] 孤児の家 Shishu Bhavan

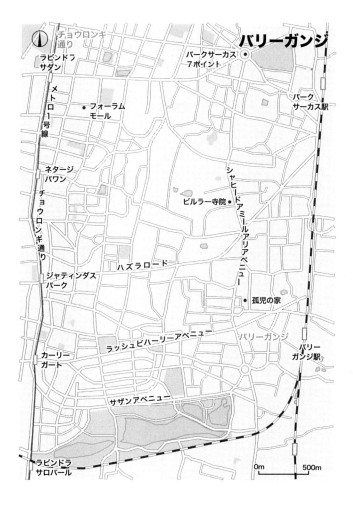

INDIA
東インド

テレサが「ゴミ箱に捨てられ、泣くことすらできなくなっていた赤ん坊」を連れて帰ったことがはじまりだという)。マザー・ハウスでボランティアの受付をしている。

南コルカタ South City ［★☆☆］
コルカタ南部一帯は豊かな緑地が広がり、富裕層や外資系企業に勤める中流層が多く暮らす。次々に建つ高層マンション、コルカタを代表するショッピング・モールのサウス・シティ・モール、日本領事館も位置する。

【MEMO】

【地図】南コルカタ

【地図】南コルカタの ［★★☆］
- [ ] カーリーガート Kali Ghat

【地図】南コルカタの ［★☆☆］
- [ ] 南コルカタ South City

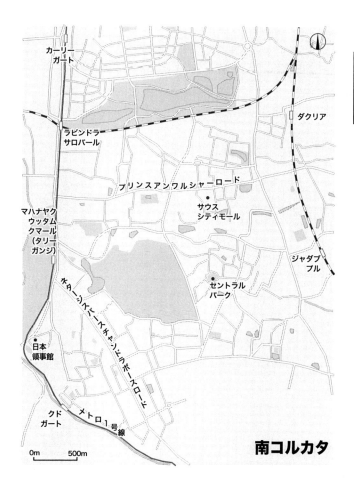

Guide, Dalhouseie Square
BBD広場
城市案内

イギリス東インド会社の拠点がおかれた
ダルハウジー広場周辺
ここからコルカタの植民がはじまった

ダルハウジー（BBD）広場 Dalhouseie Square［★★☆］
コルカタ黎明期に街の中心として整備されたダルハウジー広場。周囲には東インド会社時代からの伝統をもつライターズ・ビルディング、裁判所、郵便局などの植民地時代の建築がならび、植民都市コルカタの中枢をしめていた。現在は、インド独立運動（1930年にライターズ・ビルディングを攻撃したさい）で命を落とした闘士ビノイ、バダル、ディネシの頭文字をとって、BBD広場の正式名称で呼ばれている。

【地図】コルカタ市街北部

【地図】コルカタ市街北部の [★★☆]
- [ ] ダルハウジー（BBD）広場 Dalhouseie Square
- [ ] ナコーダ・モスク Nakhoda Mosque
- [ ] タゴール・ハウス Tagore House
- [ ] マーブル・パレス Marble Palace
- [ ] ハウラー橋 Howrah Bridge
- [ ] マイダン公園 Maidan

【地図】コルカタ市街北部の [★☆☆]
- [ ] ラージ・バワン Raj Bhavan
- [ ] シャヒード・ミナール Shahid Minar
- [ ] イーデン公園 Eden Garden
- [ ] フーグリ河 Hooghly River
- [ ] ハウラー Howrah

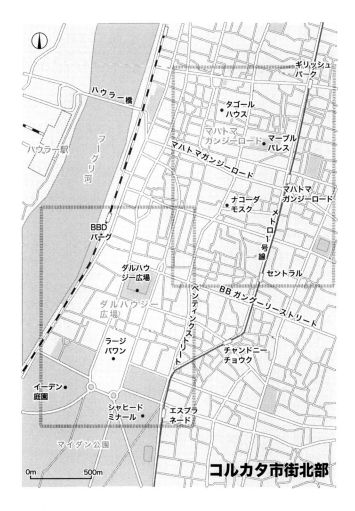

【地図】ダルハウジー（BBD）広場の [★★☆]

- [ ] ダルハウジー（BBD）広場 Dalhouseie Square
- [ ] マイダン公園 Maidan

【地図】ダルハウジー（BBD）広場の [★☆☆]

- [ ] ライターズ・ビルディング Writer's Building
- [ ] セント・ジョンズ教会 St John's Church
- [ ] ラージ・バワン Raj Bhavan
- [ ] シャヒード・ミナール Shahid Minar
- [ ] イーデン公園 Eden Garden
- [ ] フーグリ河 Hooghly River

INDIA
東インド

ライターズ・ビルディング Writer's Building ［★☆☆］

赤レンガ製の美しい姿を見せる欧風建築ライターズ・ビルディング。1880年に完成し、東インド会社職員の研修などが行なわれていた。イギリスで、インド帝国の建設者と評価を受けているクライブ（1757年のプラッシーの戦い以後、ベンガルを領有化した）も、東インド会社のライター（書記）だったことからも、イギリスのインド統治を象徴する建物のひとつとなっている。現在は州庁舎として利用されている。

▲左　街にはコロニアル建築がいくつも残る。　▲右　コルカタの街角、露店が出ている

セント・ジョンズ教会 St John's Church ［★☆☆］

高い尖塔が印象的なセント・ジョンズ教会。ロンドンのセント・マーチンズ・イン・ザ・フィールズ教会をモチーフに1789年に建てられた歴史をもつ。教会の墓地にはチャーノックの墓（コルカタを開いた）、ブラックホール事件の碑（イギリス人が犠牲になった）などがある。コルカタの街の発展を語るうえで重要な場所となっていて、とくにこの街の支配者だったイギリス人にとって重要な意味あいをもつ。

INDIA
東インド

ラージ・バワン Raj Bhavan ［★☆☆］

イギリス統治時代、インド総督邸がおかれていたラージ・バワン。インド総督は英領インドの事実上の支配者となっていて、イギリス首相に次ぐ権力があった（英領インドは、大英帝国のなかでも広大な領土、人口、経済規模をもっていた）。このラージ・バワンはイギリス本国のケドルストン・ホールを意識して設計されたと言われ、1802年に完成した。現在は西ベンガル州の知事邸となっている。

Kolkata｜BBD広場城市案内

イギリス植民地時代の建築

ダルハウジー広場の周辺には、ライターズ・ビルディング、セント・ジョンズ教会、ラージ・バワンのほかにも植民地時代の建築が残っている。中央郵便局、州政府庁舎、高等裁判所、コルカタパノラマ、セント・アンドリュー教会などが代表的なもので、法律や通信技術などはイギリスがインドにもたらしたものとして知られる。もともとダルハウジー広場に隣接する中央郵便局に、旧ウィリアム城塞（1696年にムガル太守から建設許可を得た）があった。

INDIA
東インド

シャヒード・ミナール Shahid Minar ［★☆☆］

南アジアで勢力を広げるイギリスがネパール戦争で勝利したことを記念して、1828年に建てられたシャヒード・ミナール。高さ48mの大円柱は最上部がトルコ、丸い柱がシリア、基礎部がエジプト式という3つの建築様式が融合されている。当時、ネパールはグルカ朝の時代で、イギリスは強靭なグルカ兵に苦しめられたが、保護国化し、その後、グルカ兵をイギリス軍に組み込むことに成功した（第二次世界大戦ではこのグルカ兵に日本は苦しめられている）。ネパールとの戦いのときにイギリス軍をひきいたデビット・オクタロニーの名

▲左　頭に荷物を載せて運ぶ人。　▲右　ヨーロッパ風の彫刻が見える、かつて東インド会社の都がおかれた

前をとってシャヒード・ミナールはオクタロニー記念塔とも呼ばれる。

イーデン公園 Eden Garden ［★☆☆］

マイダン公園の北側に位置するイーデン公園。イーデンという名前は19世紀のインド総督オークランド卿の妹イーデン夫人にちなみ、彼女の設計で1835年に造営された。この公園には、インドと同じイギリスの植民地だったミャンマーから1856年に移されたパゴタが立っている。

東インド

イギリス人のコルカタ、インド人のコルカタ

1773年に新ウィリアム要塞が完成すると、イギリスはその東側のチョウロンギ地区に居住区をもうけ、北側のダルハウジー広場に行政区を整備した。こうしたイギリスのホワイト・タウンに対して、インド人たちはさらにその北側に集住し、そこはブラック・タウンと呼ばれた。フーグリ河沿いのインド人居住区の人口密度は高く、不衛生な状態が続いていた。またイギリス植民地下のコルカタに、ラジャスタン州から商機を求めてマールワーリー商人が移住してきて、地元のベンガル人から（イギリスの手足となって働く）利にさとい人た

Kolkata

BBD広場城市案内

ちと見られるなど、異なる社会階層が隣あわせて暮らしていた。

Guide, North Kolkata
市街北部
城市案内

INDIA
東インド

コルカタに暮らすイスラム教徒のためのナコーダ・モスク
コルカタと対岸のハウラーを結ぶハウラー橋では
猛烈な数の人や自動車が行き交う

旧チャイナ・タウン Old China Town ［★☆☆］

インドでほとんど唯一、チャイナ・タウンが形成されてきたコルカタ。18世紀以降、広東省出身の客家がこの地に多く進出し、セントラル近くのティレッタにはサン・ヤット・セン・ストリート（孫文通り、孫文は客家出身）が走るほか、天后廟や四邑会館、基督教会なども残る。中印のあいだの国境紛争が起こった1962年以降、中国人はこの地を離れていき、コルカタ東のタングラに新チャイナ・タウンが形成されている。客家の人たちが伝えた「ハッカ・ヌードル Hakka Noodle」はインド中に広まることになった。

ナコーダ・モスク Nakhoda Mosque ［★★☆］

ナコーダ・モスクは、1万人を収容できるコルカタ最大規模のイスラム教寺院。赤砂岩製の本体をしていて、礼拝を呼びかけるミナレットは高さ46mにもなる。現在、ベンガル人は宗教の違いがきっかけで西ベンガル州（インド）とバングラデシュにわかれて暮らしているが、もともとベンガル地方の農村ではヒンドゥー教徒とイスラム教徒が共存していた。このナコーダ・モスクは、両宗教の融和を目指したムガル帝国の名君アクバル帝が宮廷建築に使った素材、赤砂岩の壁面をもち、上部にドームが見える（1926年に完成した）。ヒン

INDIA
東インド

ドゥー教徒が多数をしめるコルカタにあって、イスラム教徒が金曜日の集団礼拝などに訪れている。

ベンガルのイスラム化

かつて東西パキスタンとして英領インドから分離独立したパキスタンとバングラデシュ。インド亜大陸の東西にイスラム教徒が集住しているのは、1192年にイスラム勢力ゴール朝がデリーを陥落させ、その一派のムハンマド・バフティヤール・ハルジーがさらに東征したことに由来する。1202年、ベンガル地方の都ナヴァドヴィーパ（ナディヤー）が征服さ

【MEMO】

【地図】マハトマガンジーロード

【地図】マハトマガンジーロードの [★★☆]
- [ ] ナコーダ・モスク Nakhoda Mosque
- [ ] タゴール・ハウス Tagore House
- [ ] マーブル・パレス Marble Palace

【地図】マハトマガンジーロードの [★☆☆]
- [ ] 旧チャイナ・タウン Old China Town
- [ ] アストシュ博物館 Asutosh Museum of Indian Art

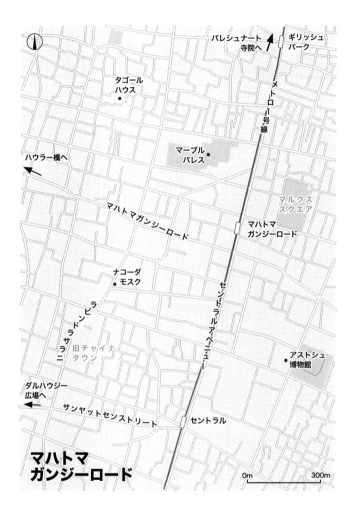

INDIA
東インド

れたことでイスラム教徒によるベンガル支配がはじまり、ベンガル地方を支配していたセーナ朝は大きく勢力を弱めた。ムハンマド・バフティヤール・ハルジーの時代にはじまったこの地方の勢力は、ムガル帝国のアクバル帝の時代まで独立状態を保つことになり、イスラム教がベンガル地方に根づくことになった。

タゴール・ハウス Tagore House [★★☆]

アジア人ではじめてノーベル賞を受賞したラビンドラナート・タゴールが暮らしたゴール・ハウス。イギリス統治下、

▲左　慌ただしく交差点を往来する人たち。　▲右　イスラム教徒のベンガル人、隣国バングラデシュにて

名門バラモンの家系に生まれたタゴール。文学だけでなく、演劇、音楽などでも卓越した才能を発揮し、このタゴール・ハウスはベンガル人芸術家や政治家などが集まる場所となっていた（イギリス植民に反対の立場をとったことから、ガンジーやネルーにも影響を与えている）。現在のインド国歌はタゴールによるもので、1000を超す言語があると言われるインドにあって、ベンガル語で唄われている。

マーブル・パレス Marble Palace ［★★☆］

このあたりの領主だったベンガル人の邸宅マーブル・パレス。

INDIA
東インド

1835年に建てられた当時の姿をとどめるほか、絵画や彫刻が展示されている。植民地時代、マーブル・パレス周囲は綿花商人たちが多く暮らしていたため、コットンスクエアと呼ばれていた。インド人のなかでも徴税請負や対イギリス貿易を通じて台頭するものが現れ、タゴール家やマーブル・パレスの主はその代表的な存在だった。

ハウラー橋 Howrah Bridge ［★★☆］

フーグリ河をはさんでコルカタとその対岸のハウラーを結ぶハウラー橋。1943年に完成したこの橋ではフーグリ河の地

▲左　ハウラー橋、世界でもっとも多くの人が渡る橋と言われた。　▲右　インドは 25 歳以下の人口比率がとても高い

盤を考えて、橋脚が一本もなく、吊り橋式となっている。世界でもっともにぎやかな橋とも言われ、人口過密地帯のコルカタの象徴的な建造物にあげられる。かつては両市街を結ぶ橋がこの橋だけしかなく、毎日 100 万人以上の人、10 万台の乗用車がこの橋を通り、ラッシュアワー時には渡るのに 45 分かかることもあった。また猛暑が続くコルカタの気候にあわせるように、昼間、ハウラー橋の鉄は 1 m 以上膨張するのだという。1994 年、混雑を解消すべく、南側にヴィディヤーサーガル橋が架けられた。

東インド

アストシュ博物館 Asutosh Museum of Indian Art[★☆☆]

インド、とくにベンガル地方の伝統工芸や民芸品が展示されたアストシュ博物館。デリーやガンジス河中流域から見て、東の果てにあたるベンガル地方では、ヒンドゥー文化成立以前のこの地方土着の要素が色濃く残っていると言われる。そのようなことからも、アストシュ博物館ではベンガル地方独特の意匠をもつテラコッタや彫刻などが見られる。コルカタ大学内に位置する。

▲左　柑橘類がびっしりとならぶ売店。　▲右　ジャイナ教徒たちが訪れるパレシュナート寺院

パレシュナート寺院 Pareshnath Jain Temple ［★★☆］

パレシュナート寺院は、コルカタ市街北部に位置するジャイナ教白衣派の寺院。1867年、宝石商のジャイナ教徒の寄進で建立されたもので、寺院内はまばゆいほどの無数の宝石や鏡で装飾されている。ジャイナ教の第10代祖師（ティールタンカラ）のシータラナータに捧げられていることから、シータラナータ寺院の別名をもつ。

Guide,
Around Kolkata
郊外
城市案内

フーグリ河畔にはいくつもの村や街が点在する
ベンガル地方の緑と水の
流れを感じるコルカタ郊外への旅

ハウラー Howrah [★☆☆]

フーグリ河をはさんでコルカタの対岸に位置する都市ハウラー。工業が盛んで、ジュートや綿工場などがあるほか、19世紀以来、デリーやムンバイといった都市への鉄道が発着する要地となっている。ハウラー橋、ヴィディヤーサーガル橋がコルカタとハウラーを結んでいる。

植物園 Botanical Gardens [★☆☆]

イギリス東インド会社時代の1786年に開園した歴史をもつコルカタ植物園。薬草や樹木などの収集目的で整備され、3

INDIA
東インド

万5000種以上の品種があつかわれてきた。周囲を河が流れる沖積地帯にあることから、密林が茂る環境で、世界最大の木にあげられるバニヤンの木（森のようなベンガル・ボダイジュ）で知られる。樹齢は推定200年強、高さ26mで周囲は400mにも広がり、現在も成長を続けているという。

茶の実験

現在ではイギリスの紅茶文化は広く知られているが、近代に入るまで、茶は中国でのみ自生すると考えられ、中国茶の輸入はイギリスの貿易赤字を増やしていた（アヘン戦争は茶に

【MEMO】

【地図】ハウラー

【地図】ハウラーの [★★☆]
- [ ] ハウラー橋 Howrah Bridge
- [ ] マイダン公園 Maidan

【地図】ハウラーの [★☆☆]
- [ ] ハウラー Howrah
- [ ] 植物園 Botanical Gardens
- [ ] フーグリ河 Hooghly River

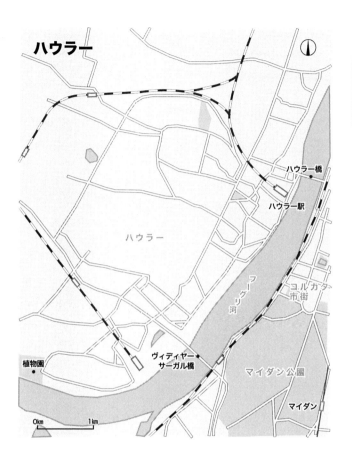

INDIA
東インド

対してアヘンを輸出したことがきっかけとなった)。イギリスは茶を栽培すべく、コルカタ植物園で実験を繰り返していたが、なかなか成功することはなかった。そのような状況の1831年、アッサムの原住民シンホー族が茶を飲用していることと、茶の原木が発見された。シンホー族から茶の栽培法や製茶法の聞きとり、茶の原木を植物園に移植することで、1837年、ついにイギリスは茶の栽培に成功した。ダージリン・ティーやセイロン・ティーなどはこうしたイギリスの試みの結果、栽培されるようになった。

▲左 フーグリ河畔に沿うように街や村が続く。　▲右 コルカタ植物園の世界一大きな木

ベルール・マトゥ寺院 Belur Math ［★☆☆］

コルカタ対岸のフーグリ河の岸辺に位置するベルール・マトゥ寺院。ラーマクリシュナの弟子ヴィヴェカーナンダによって、1899年に設立されたラーマクリシュナミッションの世界本部がおかれている。あらゆる宗教はひとつの真理への道筋だ（多元不一論）といったラーマクリシュナの宗教観を示すように、この寺院はヒンドゥー寺院、モスク、教会といった異なる宗教の様式が折衷されている。ヴィヴェカーナンダはこの地を訪れた岡倉天心との交流でも知られ、「アジアは一つなり」と記した岡倉天心にも影響を与えたと言われる。

INDIA
東インド

ダクシネーシュワラ寺院 Dakshineshwara Kali Mandir[★☆☆]

コルカタからフーグリ河を上流にさかのぼったところに位置するダクシネーシュワラ寺院。カーリー女神が本尊とされ、シヴァ神をまつる12の寺院が周囲をとり囲んでいる。ここは世界でもっとも偉大な宗教家に数えられるラーマクリシュナが19世紀に一僧侶として身を寄せていた寺院として知られる。ラーマクリシュナはフーグリ河にのぞむこの場所で、「それぞれの宗教は、ひとつの真理がかたちを変えたものに過ぎず、真理はひとつ」だと考えた。その教えが弟子たちによって世界中に広められたため、生前は無名であったラーマ

【MEMO】

【地図】大コルカタ

【地図】大コルカタの [★★☆]
- [ ] カーリーガート Kali Ghat
- [ ] マイダン公園 Maidan
- [ ] パレシュナート寺院 Pareshnath Jain Temple

【地図】大コルカタの [★☆☆]
- [ ] ベルール・マトゥ寺院 Belur Math
- [ ] ダクシネーシュワラ寺院 Dakshineshwara Kali Mandir
- [ ] 植物園 Botanical Gardens
- [ ] ソルトレイク・シティ Salt Lake City
- [ ] サイエンス・シティ Science City
- [ ] ダムダム dum dum

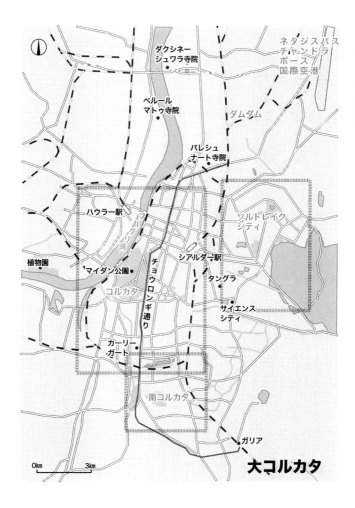

INDIA
東インド

クリシュナの名前が知られるようになった。1847年に建立された。

ソルトレイク・シティ Salt Lake City [★☆☆]

ソルトレイク・シティはコルカタ北東郊外に位置する衛星都市。古い時代、このあたりに塩湖（ソルトレイク）があり、20世紀になってから開発が進められた街は整然とした街区をもつ（コルカタはソルトレイクとフーグリ河にはさまれた湿地帯に発展した）。1947年の印パ分離独立にともなうコルカタの人口増に対応するため、街の整備ははじまったが、現

【MEMO】

【地図】ソルトレイクシティの [★☆☆]

- [ ] ソルトレイク・シティ Salt Lake City
- [ ] サイエンス・シティ Science City

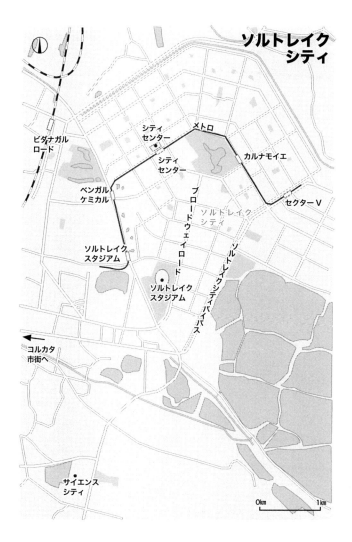

INDIA
東インド

在はコルカタのコンピュータ、テクノロジーの拠点にもなっている。初代西ベンガル州の州首相ビダン・チャンドラ・ロイの名前をとってビダンナガルとも言う。

サイエンス・シティ Science City ［★☆☆］
科学博物館、テーマパーク、展覧会場が一体化したサイエンス・シティ・コルカタ。宇宙、海洋、科学、生物進化などをテーマにした球体、巻き貝型などの外観をした大型パヴィリオンがならぶ。

【MEMO】

【地図】コルカタ郊外

【地図】コルカタ郊外の [★★☆]
- [ ] スンダルバンス Sundarbans

【地図】コルカタ郊外の [★☆☆]
- [ ] ファルタ Falta
- [ ] ハルディア Haldia
- [ ] ドゥルガプル Durgapur

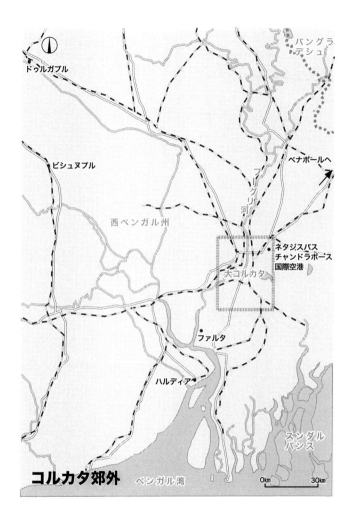

東インド

ダムダム dum dum [★☆☆]

ネタジ・スバス・チャンドラ・ボース国際空港のある市街北東郊外に位置するダムダム。ソルトレイク・シティなどともに大コルカタ圏をつくり、市街とはメトロで結ばれている。

ファルタ Falta [★☆☆]

インド政府の主導のもと、1984年に設置された経済特区のファルタ SEZ（Falta Special Economic Zone）。コルカタ市街と外港ハルディアを結ぶ地点にあり、税制を優遇することで外資企業を誘致している。

▲左　強い日差しのなか歩くふたり。　▲右　中流層が台頭し、オシャレな店も次々に現れた

ハルディア Haldia ［★☆☆］

コルカタからフーグリ川をくだったベンガル湾に面する外港ハルディア。ハルディア開発局（Haldia Development Authority）を中心に 1979 年から開発が進められた工業団地がおかれ、石油化学などの重工業のほか金融、不動産などの企業が集まる。

スンダルバンス Sundarbans ［★★☆］

コルカタから 110km 南にくだったベンガル湾に臨む湿地帯スンダルバンス（「美しい森」という意味）。ガンジス河下流域のデルタ地帯、インド西ベンガル州からバングラデシュまで

国境を越えて広がるマングローブの密林地帯となっていて、ベンガルタイガー、ワニ、サイや野鳥など稀少生物がいくつも生息している。世界自然遺産に登録されていて、ボートに乗って細く網の目のような水路を進むことができる。

ドゥルガプル Durgapur ［★☆☆］

コルカタの北西160km、ダモダル川のほとりに位置するドゥルガプル。工業団地、ソフトウェアパークが集まり、1960年以降、開発が進められた。街の名前は、西ベンガルで広く信仰されているドゥルガー女神からとられている。

城市のうつりかわり

INDIA 東インド

17世紀にイギリスが商館を構えるまで
コルカタにはわずかに漁村がたたずむばかりだった
英領インドの首都として発展し、爆発的な人口増加が続く過密都市

チャーノックのコルカタ到着（15世紀～）

15世紀以降、大航海時代を迎えた西欧諸国は喜望峰を越えて、アジアへ繰り出し、イギリスはポルトガル、オランダに続く勢力だった。17世紀、インドでもっとも裕福と言われたベンガル地方のフーグリ（コルカタ上流）に西欧諸国の商館はおかれていたが、イギリスはベンガル太守と対立し、フーグリを追われたことからコルカタの地へとやってきた。1690年の当時、スタヌティ、カーリーカタ、ゴービンドという3つの村がたたずむばかりの湿地帯で、環境は悪かったが、フーグリやムルシダバードの対岸にあることから防衛上の都合が

よかった。ここにイギリス商館が構えられたことで、現在につながるコルカタの第一歩がはじまることになった。

ベンガル地方の支配者へ（17〜18世紀）

17世紀のインドはムガル帝国が統治する時代で、各地方は徴税権をもつ太守や領主が実質的な支配者となっていた。1698年、スタヌティにくわえてカーリーカタ、ゴービンドの村の徴税権を手に入れてコルカタをその領土としたイギリス東インド会社（東西1.6km、南北4.8kmの規模）。イギリスは、コルカタの要塞建設をめぐってベンガル太守と対立し、1757

INDIA
東インド

年、プラッシーの戦いでベンガル太守、フランス連合軍をやぶってこの地方の徴税権を獲得。ムガル帝国後期に各地で独立状態となったマラータ、ハイデラバード、マイソールなどとともに地方支配者となった。

イギリスの植民地統治（18〜20世紀）

ベンガル地方でとれる綿花は、人々が着る服をつくるうえでかかせないもので、インド産綿花は世界中で重用された。イギリスによって敷かれた鉄道で、綿花や小麦といった第一次産品が世界に輸出され、ロンドンの工場で加工した綿製品を

Kolkata 城市のうつりかわり

▲左　西ベンガル州はコルカタを中心とする人口稠密地帯。　▲右　クリケットをする少年たち、マイダン公園にて

インドに逆輸入して売るといった方法がとられた。そのためインドでは人々が職を失い、くわえて相次ぐ飢饉や自然災害で餓死者や貧困にあえぐインド人が続出した。イギリスの産業革命は、プラッシーの戦い以後の18世紀に起こっていることから、インドの富を搾取することでイギリスは産業革命（工業化）に成功したとも言われる。一方で、イギリス統治によって司法や議会制民主主義などがインドに定着することになり、政治、教育面では評価もされている。

INDIA
東インド

分離独立（20世紀）

ふたつの世界大戦をへて、1947年に英領インドはインドと東西パキスタンに分離独立することになった。ベンガル地方では小さな農村にいたるまで、ヒンドゥー教徒とイスラム教徒が共存していたが、両者は西ベンガルと東ベンガルでわかれて暮らすことになった。くわえて食料やジュートの産地があった東ベンガルと、それらを加工する工場地帯があった西ベンガルが分離することで経済的に両者とも大打撃を受けた。毎日、コルカタへ押し寄せる数千人の難民、モンスーンやサイクロンの被害、マラリアやコレラなどの伝染病。この

▲左　毛並みのよい牛が餌を食べていた。　▲右　ベナポール国境近く、コルカタからバングラデシュまではわずかの距離

状況に、ノーベル賞作家ナイポールは「薄っぺらな金メッキであることにおいて、汚なさにおいて、人口過剰において、きたない金において、疲弊において、この都市はインドの悲劇のすべてを、大英帝国の無残な失敗のすべてを備えている」(『インド闇の領域』)と記している。

現代のコルカタ (21世紀)

デリーやムンバイの躍進によって、コルカタの地位は相対的にさがったとも言われたが、21世紀に入ってこの地域に熱いまなざしがそそがれている。新たな交通網としての地下鉄

INDIA
東インド

の敷設、市街東につくられたソルトレイク・シティやダムダムといった衛星都市があらわれ、都市整備が進められている。バングラデシュとあわせて豊富な労働人口、消費人口を有することから、コルカタはひとつの大きな経済圏の中心としての役割をになっている。

Kolkata

城市のうつりかわり

参考文献

『カルカッタ大全』(安引宏／人文書院)

『カルカッタの建設と都市形成』(応地利明 / 史林)

『インド』(辛島昇／新潮社)

『都市の顔・インドの旅』(坂田貞二 / 春秋社)

『インド建築案内』(神谷武夫／ＴＯＴＯ出版 a)

『ヒンドゥー女神と村落社会』(外川昌彦／風響社)

『ベンガル歴史風土記』(小西正捷 / 法政大学出版局)

『マザー・テレサあふれる愛』(沖守弘 / 講談社)

『インドの華人社会とチャイナタウン コルカタを中心に』(山下清海 / 地理空間)

『世界大百科事典』(平凡社)

[PDF] コルカタ地下鉄路線図 http://machigotopub.com/pdf/kolkatametro.pdf

まちごとパブリッシングの旅行ガイド
Machigoto INDIA , Machigoto ASIA , Machigoto CHINA

【北インド - まちごとインド】

001 はじめての北インド
002 はじめてのデリー
003 オールド・デリー
004 ニュー・デリー
005 南デリー
012 アーグラ
013 ファテープル・シークリー
014 バラナシ
015 サールナート
022 カージュラホ
032 アムリトサル

【西インド - まちごとインド】

001 はじめてのラジャスタン
002 ジャイプル
003 ジョードプル
004 ジャイサルメール
005 ウダイプル
006 アジメール(プシュカル)
007 ビカネール
008 シェカワティ
011 はじめてのマハラシュトラ
012 ムンバイ
013 プネー
014 アウランガバード
015 エローラ
016 アジャンタ
021 はじめてのグジャラート
022 アーメダバード
023 ヴァドダラー(チャンパネール)

024 ブジ(カッチ地方)

【東インド - まちごとインド】

002 コルカタ
012 ブッダガヤ

【南インド - まちごとインド】

001 はじめてのタミルナードゥ
002 チェンナイ
003 カーンチプラム
004 マハーバリプラム
005 タンジャヴール
006 クンバコナムとカーヴェリー・デルタ
007 ティルチラパッリ
008 マドゥライ
009 ラーメシュワラム
010 カニャークマリ
021 はじめてのケーララ
022 ティルヴァナンタプラム
023 バックウォーター(コッラム〜アラップーザ)
024 コーチ(コーチン)
025 トリシュール

【ネパール - まちごとアジア】

001 はじめてのカトマンズ
002 カトマンズ
003 スワヤンブナート

004 パタン
005 バクタプル
006 ポカラ
007 ルンビニ
008 チトワン国立公園

【バングラデシュ - まちごとアジア】

001 はじめてのバングラデシュ
002 ダッカ
003 バゲルハット（クルナ）
004 シュンドルボン
005 プティア
006 モハスタン（ボグラ）
007 パハルプール

【パキスタン - まちごとアジア】

002 フンザ
003 ギルギット（KKH）
004 ラホール
005 ハラッパ
006 ムルタン

【イラン - まちごとアジア】

001 はじめてのイラン
002 テヘラン
003 イスファハン
004 シーラーズ
005 ペルセポリス
006 パサルガダエ（ナグシェ・ロスタム）
007 ヤズド
008 チョガ・ザンビル（アフヴァーズ）
009 タブリーズ

010 アルダビール

【北京 - まちごとチャイナ】

001 はじめての北京
002 故宮（天安門広場）
003 胡同と旧皇城
004 天壇と旧崇文区
005 瑠璃廠と旧宣武区
006 王府井と市街東部
007 北京動物園と市街西部
008 頤和園と西山
009 盧溝橋と周口店
010 万里の長城と明十三陵

【天津 - まちごとチャイナ】

001 はじめての天津
002 天津市街
003 浜海新区と市街南部
004 薊県と清東陵

【上海 - まちごとチャイナ】

001 はじめての上海
002 浦東新区
003 外灘と南京東路
004 淮海路と市街西部
005 虹口と市街北部
006 上海郊外（龍華・七宝・松江・嘉定）
007 水郷地帯（朱家角・周荘・同里・甪直）

【河北省 - まちごとチャイナ】

001 はじめての河北省
002 石家荘
003 秦皇島
004 承徳
005 張家口
006 保定
007 邯鄲

【江蘇省 - まちごとチャイナ】

001 はじめての江蘇省
002 はじめての蘇州
003 蘇州旧城
004 蘇州郊外と開発区
005 無錫
006 揚州
007 鎮江
008 はじめての南京
009 南京旧城
010 南京紫金山と下関
011 雨花台と南京郊外・開発区
012 徐州

【浙江省 - まちごとチャイナ】

001 はじめての浙江省
002 はじめての杭州
003 西湖と山林杭州
004 杭州旧城と開発区
005 紹興
006 はじめての寧波
007 寧波旧城
008 寧波郊外と開発区
009 普陀山
010 天台山
011 温州

【福建省 - まちごとチャイナ】

001 はじめての福建省
002 はじめての福州
003 福州旧城
004 福州郊外と開発区
005 武夷山
006 泉州
007 厦門
008 客家土楼

【広東省 - まちごとチャイナ】

001 はじめての広東省
002 はじめての広州
003 広州古城
004 天河と広州郊外
005 深圳（深セン）
006 東莞
007 開平（江門）
008 韶関
009 はじめての潮汕
010 潮州
011 汕頭

【遼寧省 - まちごとチャイナ】

001 はじめての遼寧省
002 はじめての大連
003 大連市街
004 旅順
005 金州新区

006 はじめての瀋陽
007 瀋陽故宮と旧市街
008 瀋陽駅と市街地
009 北陵と瀋陽郊外
010 撫順

【重慶 - まちごとチャイナ】

001 はじめての重慶
002 重慶市街
003 三峡下り（重慶～宜昌）
004 大足

【香港 - まちごとチャイナ】

001 はじめての香港
002 中環と香港島北岸
003 上環と香港島南岸
004 尖沙咀と九龍市街
005 九龍城と九龍郊外
006 新界
007 ランタオ島と島嶼部

【マカオ - まちごとチャイナ】

001 はじめてのマカオ
002 セナド広場とマカオ中心部
003 媽閣廟とマカオ半島南部
004 東望洋山とマカオ半島北部
005 新口岸とタイパ・コロアン

【Juo-Mujin（電子書籍のみ）】

Juo-Mujin 香港縦横無尽
Juo-Mujin 北京縦横無尽
Juo-Mujin 上海縦横無尽

【自力旅游中国 Tabisuru CHINA】

001 バスに揺られて「自力で長城」
002 バスに揺られて「自力で石家荘」
003 バスに揺られて「自力で承徳」
004 船に揺られて「自力で普陀山」
005 バスに揺られて「自力で天台山」
006 バスに揺られて「自力で秦皇島」
007 バスに揺られて「自力で張家口」
008 バスに揺られて「自力で邯鄲」
009 バスに揺られて「自力で保定」
010 バスに揺られて「自力で清東陵」
011 バスに揺られて「自力で潮州」
012 バスに揺られて「自力で汕頭」
013 バスに揺られて「自力で温州」

【車輪はつばさ】
南インドのアイラヴァテシュワラ寺院には建築本体に車輪がついていて寺院に乗った神さまが人びとの想いを運ぶと言います。

・本書はオンデマンド印刷で作成されています。
・本書の内容に関するご意見、お問い合わせは、発行元の
　まちごとパブリッシング info@machigotopub.com までお願いします。

まちごとインド
東インド002コルカタ
〜イギリス植民と「過密都市」［モノクロノートブック版］

2017年11月14日　発行

著　者	「アジア城市（まち）案内」制作委員会
発行者	赤松　耕次
発行所	まちごとパブリッシング株式会社 〒181-0013　東京都三鷹市下連雀4-4-36 URL http://www.machigotopub.com/
発売元	株式会社デジタルパブリッシングサービス 〒162-0812　東京都新宿区西五軒町11-13 清水ビル3F
印刷・製本	株式会社デジタルパブリッシングサービス URL http://www.d-pub.co.jp/

MP012

ISBN978-4-86143-146-3 C0326　　　　Printed in Japan
本書の無断複製複写（コピー）は、著作権法上での例外を除き、禁じられています。